Fiche **philosophe**

Par Emilie Pardon

Averroès

lePetitPhilosophe.fr

AVERROÈS   1

BIOGRAPHIE   2

Une formation extrêmement vaste
Une double carrière : *cadi* et philosophe
L'exil et la mort

CONTEXTE PHILOSOPHIQUE   6

Al-Andalus, l'Espagne des trois religions
Les sources de la philosophie islamique médiévale :
Platon et Aristote
L'averroïsme, survivance de l'œuvre d'Averroès

PENSÉE ET APPORT   11

La question de l'âme
Philosophie et religion
Dieu et le monde

EN RÉSUMÉ   21

POUR ALLER PLUS LOIN   24

TESTEZ VOS CONNAISSANCES !   26

Associez chaque citation à l'explication qui lui
correspond.

AVERROÈS

PHILOSOPHE MUSULMAN ET COMMENTATEUR D'ARISTOTE

- **Né en 1126 à Cordoue**
- **Décédé en 1198 à Marrakech**
- **Quelques-unes de ses œuvres :**
    - *Le Discours décisif*
    - *L'Intelligence et la Pensée : sur le* De anima *d'Aristote*
    - *L'Incohérence de l'Incohérence*

Philosophe, théologien, médecin et juriste musulman andalou du **XIIe siècle**, Averroès, ibn Rushd en arabe, est un représentant important de la **philosophie islamique d'Occident**. Il exercera une influence considérable sur la pensée en Europe. En effet, il est à l'origine de la **diffusion de la pensée d'Aristote** au Moyen Âge par le biais des commentaires qu'il en fait. D'autre part, il ouvre la voie à la **pensée rationaliste** qui marquera la modernité.

Averroès a **commenté l'intégralité du corpus aristoté-licien**. Chaque œuvre du penseur grec fait l'objet de trois types de commentaires, que l'on classe généralement comme suit : les commentaires abrégés (ou paraphrases), les commentaires moyens et, enfin, les grands commentaires. Il a, de plus, **écrit des traités originaux** relatifs à la philosophie, à la religion, à la médecine et à la politique.

BIOGRAPHIE

UNE FORMATION EXTRÊMEMENT VASTE

Averroès est **né à Cordoue en 1126** (520 de l'Hégire, ère des musulmans qui commence en 622) dans une **famille respectée de juristes lettrés**. Son grand-père et son père furent tous deux *cadis* (juge investi d'autorité juridique et morale) de Cordoue. On sait très peu de choses de son enfance et de sa formation philosophique, si ce n'est qu'il reçoit dès son jeune âge un **enseignement religieux et juridique** : il étudie le Coran et le droit musulman (le *fiqh*). Dans le monde musulman médiéval, il était en effet habituel de commencer ses études par l'apprentissage du Coran et des *hadiths* (ensemble des traditions relatives aux actes et aux paroles du prophète, qui tient lieu de principes d'action). L'apprentissage du Coran était aussi l'occasion d'étudier l'écriture, la grammaire et les mathématiques.

C'est seulement après avoir acquis une connaissance solide de la tradition religieuse et juridique musulmane qu'il étudie **la littérature, l'astronomie, les mathématiques et la médecine**. Sa formation est complétée par les **voyages** qu'il effectue assez jeune à Marrakech, au Maroc, alors capitale de l'Empire almohade dont l'Espagne musulmane fait partie.

appelé à Marrakech pour le remplacer vers **1185**. Il y est aussi fait vizir (conseiller du calife). Mais Averroès est progressivement la cible de critiques et est **soupçonné d'hérésie**. Sa défense de la philosophie comme moyen d'accéder à la vérité et ses propos sur la religion dérangent, si bien qu'il finit par être **démis de ses fonctions et désavoué**.

Il est alors interdit d'enseignement et ses œuvres sont brulées, mis à part ses traités de médecine. On l'envoie en **exil à Lucena**, une petite ville près de Cordoue dont les habitants sont principalement de confession juive. Assez peu de détails concernant cette période de la vie d'Averroès nous ont été transmis, mais il semblerait qu'il ait été partiellement mis hors de cause et que l'ordre de bannissement fut finalement levé. Il se serait alors rendu à Marrakech, à nouveau appelé par le calife, sans toutefois reprendre ses fonctions.

Il meurt à Marrakech en 1198. Quelque temps plus tard, sa dépouille est rapatriée à dos d'âne vers Cordoue. La légende veut que ses œuvres aient été utilisées en guise de contrepoids lors du transport de son corps.

CONTEXTE PHILOSOPHIQUE

AL-ANDALUS, L'ESPAGNE DES TROIS RELIGIONS

Lorsqu'Averroès nait, Cordoue, de même qu'**une grande partie de l'Espagne**, est musulmane depuis sa **conquête par les Arabo-Berbères en 711**. La ville est d'abord un État musulman indépendant sous les Omeyyades, puis passe sous domination successive des califats (régime politique dirigé par un calife) des Almoravides et des Almohades. L'Espagne, baptisée par les musulmans « al-Andalus », restera terre musulmane jusqu'en 1492, date de la chute de Grenade.

À l'époque d'Averroès, **une civilisation puissante et raffinée se développe en Andalousie**, où Cordoue est la capitale du califat. Cette richesse culturelle est en partie le fait de la **cohabitation de diverses cultures et religions** sur le sol espagnol : des musulmans, des juifs et des chrétiens y vivent en effet de manière harmonieuse. Le pouvoir suit les recommandations de tolérance dictées par le Coran à l'égard des autres religions et permet aux individus de vivre leur foi. C'est pourquoi on qualifie parfois l'al-Andalus de « pays des trois religions ».

Cependant, l'époque durant laquelle vit Averroès est aussi synonyme de **grands changements politiques**. La dynastie almoravide qui règne sur l'actuel Maroc et l'Espagne est progressivement chassée par **les Almohades**. Averroès assiste à ce changement de pouvoir et constate ses conséquences sur la vie culturelle et sociale. En effet, si les Almoravides ont permis à la spécificité de la culture andalouse de se perpétuer, les Almohades sont plus intransigeants et souhaitent un **retour aux sources de l'islam**. Convaincus qu'il faut rendre à l'islam d'Espagne sa splendeur, les Almohades se montrent de plus en plus **hostiles à l'égard des communautés chrétienne et juive**, allant jusqu'à interdire la pratique de toute autre religion que l'islam. Par ailleurs, les intellectuels sont progressivement suspectés de trahir l'orthodoxie islamique. C'est dans ce contexte qu'Averroès est condamné à l'exil.

LES SOURCES DE LA PHILOSOPHIE ISLAMIQUE MÉDIÉVALE : PLATON ET ARISTOTE

Avec Averroès, on se situe dans une époque charnière de la philosophie :

- la pensée islamique qui a permis la transmission des travaux philosophiques des Anciens, c'est-à-dire des philosophes grecs (en particulier Platon, vers 427-347 av. J.-C., et Aristote, 384-322 av. J.-C.), s'éteint ;
- c'est la philosophie médiévale latine qui va dorénavant occuper le monde occidental. Ainsi, on peut considérer Averroès comme le dernier philosophe musulman du Moyen Âge.

Avant lui, de nombreux penseurs musulmans se sont intéressés aux travaux des philosophes grecs et ont discuté le savoir qu'ils en avaient hérité.

C'est notamment le cas d'**Avicenne** (980-1037), ibn Sina en arabe, l'un des philosophes les plus importants de la philosophie islamique avec Averroès :

- Avicenne représente ce que l'on appelle la philosophie islamique d'Orient (de Perse, l'actuel Iran), qui a pour particularité de s'orienter davantage sur la voie du mysticisme et du soufisme (courant mystique de l'islam qui consiste à rechercher Dieu dans la méditation), **sous l'influence de la lecture de Platon** ;
- Averroès figure quant à lui la philosophie islamique d'Occident (d'Espagne).

Avicenne, tout comme Averroès, a travaillé et commenté les textes d'Aristote, mais en en livrant une interprétation teintée de platonisme. C'est d'ailleurs contre ces lectures platonisantes d'Aristote qu'**Averroès** se positionne en produisant de nouveaux commentaires. Son ambition est en effet de **retrouver l'aristotélisme véritable**.

Une grande partie des philosophes musulmans médiévaux s'inspirent de la philosophie d'Aristote, mais en y ajoutant leurs propres interprétations ou en mélangeant diverses sources (Platon, par exemple). Ces philosophies inspirées d'Aristote, mais pas proprement aristotéliciennes, sont regroupées sous l'appellation de « péripatétisme », du nom de l'école philosophique fondée par Aristote, le Lycée ou *Peripatos* (terme qui désigne une promenade ou une conversation philosophique en marchant, en référence aux méthodes d'enseignement du philosophe grec).

Le **platonisme** désigne la philosophie de Platon et de ses disciples. Celle-ci se caractérise par l'idéalisme, c'est-à-dire qu'elle accorde un rôle prédominant aux Idées, qu'elle considère comme supérieures aux objets du monde sensible. L'objectif du platonisme est la recherche de la vérité et de l'idéal absolu dans tous les domaines.

L'**aristotélisme** désigne quant à lui la philosophie d'Aristote et de ses disciples. Le système aristotélicien traite de toutes les disciplines philosophiques et se fonde sur la réfutation de l'idéalisme platonicien.

L'AVERROÏSME, SURVIVANCE DE L'ŒUVRE D'AVERROÈS

Lorsqu'Averroès meurt, **son œuvre tombe dans l'oubli dans le monde arabe médiéval** qui se radicalise de plus en plus et où la philosophie disparait progressivement. Par contre, Averroès suscite beaucoup d'enthousiasme et de discussions chez les penseurs juifs et chrétiens. C'est d'ailleurs grâce aux traductions en hébreu et/ou en latin que son apport nous a été transmis. De nombreux textes originaux en arabe ont été définitivement perdus, mais les traductions ont survécu.

Le courant de pensée nommé « **averroïsme** » regroupe donc surtout **des penseurs juifs et chrétiens**. Ceux-ci suivent l'interprétation que fait Averroès du travail d'Aristote. Par conséquent, ils **découvrent Aristote principalement par le biais des commentaires d'Averroès**. Ils s'attachent alors à dégager les écrits du penseur grec de ces commentaires afin de retrouver le texte aristotélicien original. Ensuite, certains se servent de l'interprétation d'Averroès alors que d'autres la rejettent. C'est le cas, par exemple, de saint Thomas d'Aquin (1225-1274) qui, dans son texte *Contre Averroès*, s'attaque à la thèse averroïste de l'unicité de l'intellect, c'est-à-dire à sa théorie de la connaissance.

BON À SAVOIR

L'averroïsme désigne le courant de pensée qui se déploie principalement dans le Moyen Âge latin et jusqu'à la Renaissance et qui se réclame de la pensée d'Averroès. Dans les faits, il se caractérise surtout par la volonté d'un retour à la doctrine aristotélicienne.

Averroès, souvent perçu comme un libre-penseur, a eu beaucoup d'ennuis avec le pouvoir religieux, et ce même dans les siècles suivants. Après avoir été banni et désavoué de son vivant, il l'est en effet encore après sa mort : le pape Léon X le déclare hérétique en 1513. Cependant, sa postérité est remarquable et, aujourd'hui encore, **il symbolise la continuité entre la sagesse philosophique et la religion, de même que la nécessité de respecter toutes les religions**.

PENSÉE ET APPORT

L'œuvre d'Averroès peut être divisée en deux parties :

- les **commentaires des écrits d'Aristote**, parmi lesquels le plus discuté est le grand commentaire sur Le Traité de l'âme d'Aristote ;
- les ouvrages philosophico-juridiques qui traitent des **rapports entre la foi et la sagesse philosophique**.

LA QUESTION DE L'ÂME

Dans *L'Intelligence et la Pensée*, le grand commentaire du *De anima* d'Aristote, Averroès discute de l'âme humaine et de la connaissance en suivant les thèses du philosophe grec. Le *De anima* alimentera toute une branche de la métaphysique que l'on appelle la noétique. Averroès, avec son commentaire, apporte une pierre à cet édifice.

BON À SAVOIR

La **métaphysique** est la branche de la philosophie qui étudie les principes premiers et les causes premières de toutes choses. En ce sens, il s'agit de la recherche de la vérité la plus essentielle.

La **noétique (du grec *noèsis*, « l'intelligence »)** est la science qui s'occupe de l'intellect et de la pensée, c'est-à-dire qui étudie les processus de pensée, de représentation et de connaissance.

Intellect agent et intellect possible

Pour Averroès, **l'être humain ne pense pas seul : il a besoin d'être aidé**. C'est l'intellect agent et l'intellect possible, ou matériel, qui aident l'individu à former une pensée et à produire une connaissance à propos de ce qui se présente à lui (<u>citation 1</u>). Les deux sont uniques pour toute l'humanité et éternels :

- **l'intellect agent** filtre les images produites par les réalités extérieures pour les rendre compréhensibles aux âmes humaines individuelles ;
- **l'intellect possible**, ou matériel, reçoit les images que l'intellect agent a rendues intelligibles, c'est-à-dire compréhensibles et accessibles. Il actualise ensuite les formes des images reçues auprès des individus.

Pour expliquer ce qu'il entendait par l'intellect agent dans sa théorie de la connaissance, Aristote avait utilisé une comparaison : tout comme la lumière permet de voir, de discerner l'objet en l'éclairant, l'intellect agent permet de connaitre les choses qui nous entourent en les rendant compréhensibles.

L'objet filtré par l'intellect agent puis par l'intellect passif, une fois transmis à l'homme, produit **l'intellect individuel**

acquis, c'est-à-dire la connaissance humaine. La connaissance a donc la particularité de n'être pas individuelle, mais de se joindre occasionnellement aux âmes humaines par « conjonction ». Ce n'est que lorsque l'intellect agent et l'intellect matériel s'unissent et se joignent temporairement à l'intellect individuel que la connaissance et la faculté de représentation sont actuelles en chaque individu.

L'unité de l'intellect

Cette théorie de l'âme sous-entend que **le principe fondamental de la connaissance**, c'est-à-dire le moteur de la pensée, est :

- **non seulement extérieur et supérieur à l'individu,**
- **mais également commun à tous les hommes.**

De cette idée que la connaissance humaine n'est possible que grâce à l'impulsion d'un intellect supérieur, commun à tous et éternel, découlent les thèses suivantes :

- **les âmes individuelles ne sont pas éternelles**, elles ne sont qu'un réceptacle temporaire de l'intelligence extérieure ;
- **les hommes ne pensent pas seuls**, ils ont besoin d'une intelligence extérieure.

Ce sont ces aspects de la théorie de la connaissance d'Averroès qui seront particulièrement discutés dans le Moyen Âge latin, tout particulièrement par saint Thomas d'Aquin dans son ouvrage *Contre Averroès*. En effet, pour les penseurs chrétiens, il était impossible d'admettre que l'âme humaine puisse ne pas être éternelle.

PHILOSOPHIE ET RELIGION

Dans ses textes qui traitent de la relation entre la sagesse philosophique et la religion, Averroès développe deux idées centrales :

- la première est que **la vérité philosophique ne contredit pas la vérité révélée** ;
- la seconde est que **la démonstration rationnelle est le moyen le plus sûr d'atteindre la vérité**.

La « double vérité »

La théorie de la « double vérité » est attribuée à Averroès par les philosophes chrétiens, mais il s'agit en fait d'une erreur d'interprétation. Selon certains commentateurs, Averroès admettrait qu'il existe deux vérités : l'une philosophique et l'autre religieuse. Or, pour le philosophe musulman, **il n'existe qu'une seule vérité mais différents moyens d'y parvenir**. La vérité révélée de la religion et la vérité rationnelle de la philosophie ne sont que deux expressions différentes d'une seule vérité (citation 2).

L'intention d'Averroès lorsqu'il rédige *Le Discours décisif* est de **défendre le droit à utiliser les raisonnements démonstratifs rationnels dans la recherche de la vérité**. Il ne défend pas l'idée que la vérité obtenue par les raisonnements démonstratifs a plus de valeur que la vérité révélée, mais il soutient que l'homme, étant doué de raison, doit en faire usage. Le recours à la raison vient selon lui consolider la vérité révélée parce que la démonstration aboutit aux mêmes conclusions.

En somme, Averroès ne cherche pas à démontrer la primauté de la philosophie sur la religion ou à opposer les deux. Il cherche plutôt à défendre la pratique de la philosophie au sein de la pensée islamique.

De la démonstration comme moyen d'accéder à la vérité

Selon Averroès, il existe trois formes de raisonnements :

- la **rhétorique**, qui est l'art du discours ;
- la **dialectique**, qui désigne la déduction d'une conclusion d'après des prémisses probables (approximations) ;
- la **démonstration**, qui est la forme la plus noble du raisonnement. C'est la déduction d'une conclusion d'après des prémisses vérifiées (vraies), ce qu'on appelle le syllogisme.

BON À SAVOIR

Le **syllogisme** est décrit par Aristote dans *La Logique*. Il s'agit d'un raisonnement logique qui permet de déduire une conclusion à partir de deux énoncés appelés les « prémisses » : « Tous les hommes sont mortels. Or Socrate est un homme. Donc Socrate est mortel. »

Il existe aussi **trois catégories d'hommes** auxquelles correspondent ces formes de raisonnement :

- **les hommes incapables d'interprétation**, c'est-à-dire incapables de penser par eux-mêmes, à qui conviennent les raisonnements rhétoriques. Il s'agit de leur enseigner le Coran par le discours, au moyen d'allégories et d'exemples, car ils sont uniquement influencés par les mots ;
- **les hommes capables d'interprétation** mais qui se contentent de raisonnements dialectiques. Ceux-ci constituent les outils qu'utilisent les théologiens pour établir leurs arguments, mais ils n'aboutissent en aucun cas à des vérités établies. Le raisonnement dialectique ne produit en effet que des opinions ;
- **les hommes d'interprétation certaine**, qui sont capables de philosopher, c'est-à-dire de produire des raisonnements démonstratifs, uniques portes d'accès à la vérité. Lorsqu'il s'agit de produire une connaissance sur le monde et sur la révélation, le meilleur moyen est en effet de faire usage de **la démonstration**, qui seule **conduit à une connaissance certaine** (citation 3).

De l'obligation de faire usage de la raison

Dans Le Discours décisif, Averroès examine d'un point de vue juridique, donc de conformité à la loi révélée, **la question de savoir si la pratique de la philosophie est autorisée**. Il en arrive aux conclusions suivantes :

- il y a dans le Coran des versets qui imposent l'usage de la raison. Ceux parmi les hommes qui ont la capacité de raisonner sont invités à le faire ;

- l'examen rationnel du monde et des êtres doit faire usage du syllogisme ;
- il faut connaitre la pensée des Anciens (par exemple des philosophes grecs) sur les choses qui concernent le monde ;
- **il n'y a pas de contradiction entre la raison et le texte révélé** (le Coran) (<u>citation 4</u>).

Averroès en déduit que l'usage de la raison n'est pas contraire à la religion. Au contraire, la méthode démonstrative est même encouragée par la religion.

De l'interprétation

Il y a cependant certains cas où **l'examen démonstratif conduit à des contradictions avec le texte révélé**. Il faut alors approfondir l'examen rationnel et **interpréter le texte**.

Plus précisément :

- si l'examen démonstratif conduit à une connaissance à propos d'un sujet qui n'est pas traité dans le texte révélé, alors il n'y a pas lieu de pousser l'analyse plus loin et de chercher une quelconque conformité ;
- par contre, si le raisonnement conduit à une connaissance à propos d'un sujet traité dans le texte révélé, on peut se trouver face à deux possibilités : soit le résultat de la démonstration est en accord avec la loi divine, soit il présente une contradiction avec cette dernière. Si la conclusion du raisonnement logique contredit le Coran,

alors il faut interpréter le texte.

Autrement dit, en cas de contradiction entre les résultats du raisonnement et la vérité révélée dans le Coran, il faut interpréter les énoncés du Coran. Selon Averroès, **le Coran comporte deux niveaux de lecture** :

- le premier est **le sens *obvie***. C'est le sens évident, que l'on perçoit sans réflexion, immédiatement ;
- le second est **le sens ésotérique**. C'est la signification que l'on obtient par réflexion et interprétation.

Si l'on interprète correctement le Coran, les vérités démontrées et révélées ne peuvent pas être contradictoires.

DIEU ET LE MONDE

Après avoir démontré que la pensée philosophique ne contredit pas la religion et que la religion autorise la pensée philosophique, l'encourage même, Averroès peut appliquer le raisonnement philosophique à Dieu et à ses créatures.

Les preuves rationnelles de l'existence de Dieu

Selon Averroès, **la philosophie est la science qui étudie les étants** (ce qui existe de manière déterminée) **en tant qu'ils sont à l'image de Dieu** (citation 5). La philosophie vise donc à connaitre parfaitement Dieu au moyen de la connaissance que l'on peut obtenir sur le monde des étants.

À la suite d'Aristote, **Averroès démontre l'existence de Dieu à partir de la notion de mouvement**, dont le temps est l'expression. En effet, le temps est un mouvement : si rien ne bougeait, ne se transformait, ne subissait d'altération, le temps n'aurait plus de raison d'être. Plus précisément, comme l'explique le philosophe grec, le temps est la mesure du mouvement, c'est-à-dire qu'il permet de délimiter un mouvement selon les notions d'avant et d'après : c'est parce que le temps a passé que l'on peut se rendre compte d'un changement entre un avant et un après.

Or **le mouvement est nécessairement engendré par un moteur extérieur** : il ne nait pas seul, il a besoin d'une impulsion. En outre, puisque l'expérience sensible nous enseigne qu'il existe un mouvement des corps célestes et que ce mouvement est éternel, cela signifie qu'il existe **un moteur éternel** à ce mouvement, c'est-à-dire un moteur qui met toujours en mouvement, qui ne cesse jamais de mettre en mouvement. En somme, étant donné que le mouvement est éternel, le moteur doit lui aussi être éternel. Et ce moteur éternel n'est autre que **Dieu**.

L'éternité du monde

Averroès examine également la question de la création du monde. Selon lui, **l'idée même de création présuppose l'idée de commencement**. Mais **le commencement implique qu'il y ait quelque chose qui permette le commencement** : celui-ci ne peut procéder de rien.

Le commencement est par ailleurs une notion temporelle, c'est-à-dire qui implique un avant et un après. Or puisque le commencement ne peut procéder de rien, **il n'est pas possible de concevoir un « avant la création »**. Par conséquent, **le monde doit être éternel** (citation 6).

Cela signifie-t-il que Dieu n'a pas créé le monde ? Non. Dieu est éternel et le monde est éternel. Dieu est éternellement agissant dans le monde. Le monde est éternellement créé par la volonté divine éternelle. **Dieu crée l'univers de toute éternité**.

Pour appuyer sa théorie, Averroès utilise le Coran. Dans le texte révélé, la création est décrite comme suit : « C'est lui [Dieu] qui a créé les cieux et la terre en six jours. Son trône était sur l'eau. » Toutefois, ce passage du récit de la création pose problème vu qu'il implique qu'il y avait quelque chose avant la création : le trône et l'eau. Il faut donc en déduire que la matière et la nature sont éternelles au même titre que Dieu. Si Dieu ne crée pas l'univers à partir de rien, il donne cependant forme au monde, et cela de toute éternité (<u>citation 7</u>).

EN RÉSUMÉ

Averroès explique, à la suite d'Aristote, que **l'être humain ne pense pas seul**. L'intellect agent filtre les images produites par les réalités extérieures pour les rendre intelligibles et l'intellect possible reçoit ces images pour ensuite constituer la connaissance humaine. Ainsi, **le principe fondamental de la connaissance** est d'une part **extérieur et supérieur à l'individu**, d'autre part **commun à tous les hommes**. Aussi les âmes individuelles ne sont-elles pas éternelles : elles ne sont qu'un réceptacle temporaire de l'intelligence extérieure.

La grande entreprise du penseur musulman fut de s'interroger sur la relation entre philosophie et religion. Selon lui, **la vérité philosophique ne contredit pas la vérité révélée**. Au contraire, elle la renforce. **Il n'existe qu'une seule vérité**, mais différents moyens d'y parvenir : la rhétorique, la dialectique et la démonstration. Cependant, **seule la démonstration rationnelle peut conduire à une connaissance certaine**. Toutefois, dans certains cas, la démonstration conduit à des contradictions avec le texte révélé : il s'agit alors d'interpréter les énoncés du Coran. Le sens est parfois caché et il convient de chercher à le dévoiler.

Enfin, Averroès applique le raisonnement philosophique à Dieu et à la création. Il démontre ainsi **l'existence de Dieu** à partir de la notion de mouvement : le mouvement est nécessairement engendré par un moteur extérieur et éternel. Quant à la question de **la création du monde**, cela implique l'idée d'un commencement. Or le commencement implique qu'il y ait une cause qui le permette : cette cause n'est autre que Dieu, qui crée l'univers de toute éternité.

Votre avis nous intéresse !
Laissez un commentaire sur le site de votre librairie en ligne
et partagez vos coups de cœur sur les réseaux sociaux !

POUR ALLER PLUS LOIN

- AVERROÈS, *Le Livre du discours décisif*, traduction de Marc Geoffroy, Paris, GF-Flammarion, 1996.
- AVERROÈS, *L'Intelligence et la Pensée. Grand commentaire du* De anima, traduction de Alain de Libera, Paris, GF-Flammarion, 1998.
- AVERROÈS, *L'Islam et la Raison. Anthologie de textes juridiques, théologiques et polémiques*, traduction de Marc Geoffroy, Paris, GF-Flammarion, 2000.
- AVERROÈS, *La Béatitude de l'âme*, traduction de Marc Geoffroy et de Carlos Steel, Paris, Vrin, 2002.
- BENMAKHLOUF (Ali), *Averroès*, Paris, Les Belles Lettres, 2003.
- BENMAKHLOUF (Ali), *Le Vocabulaire d'Averroès*, Paris, Ellipses, 2007.
- CORBIN (Henry), *Histoire de la philosophie islamique*, Paris, Gallimard, 1986.
- D'AQUIN (saint Thomas), *Contre Averroès*, Paris, Flammarion, 1994.
- DE LIBERA (Alain), *La Philosophie médiévale*, Paris, PUF, 1993.
- DE LIBERA (Alain) et Hayoun (Maurice Ruben), *Averroès et l'Averroïsme*, Paris, PUF, 1991.
- URVOY (Dominique), *Averroès. Les ambitions d'un intellectuel musulman*, Paris, Flammarion, 1998.
- Voir aussi :
  - *Le Destin*, film de Youssef Chahine, avec Mohamed Mounir, Mahmoud Hemeida et Safia el-Emary, 1997.
  - BORGES (Jorge Luis), *La quête d'Averroès*, in *Aleph*,

Paris, Gallimard, 1977.

TESTEZ VOS CONNAISSANCES !

ASSOCIEZ CHAQUE CITATION À L'EXPLICATION QUI LUI CORRESPOND.

Citation 1 : « [...] il est manifeste que l'homme n'est doué d'intellection en acte qu'à cause de la jonction de l'intelligible en acte avec lui. » (L'Intelligence et la Pensée. Grand commentaire du De anima, Paris, GF-Flammarion, 1998)

Citation 2 : « La vérité ne peut être contraire à la vérité, mais s'accorde avec elle et témoigne en sa faveur. » (Le Livre du discours décisif, Paris, GF-Flammarion, 1996)

Citation 3 : « [...] le procédé d'examen auquel appelle la Révélation, et qu'elle encourage, est nécessairement celui qui est le plus parfait et qui recourt à l'espèce de syllogisme la plus parfaite, que l'on appelle "démonstration". » (Le Livre du discours décisif, Paris, GF-Flammarion, 1996)

Citation 4 : « [...] la spéculation fondée sur la démonstration ne conduit pas à contredire les enseignements donnés par la loi divine. » (Le Livre du discours décisif, Paris, GF-Flammarion, 1996)

Citation 5 : « [...] l'acte de philosopher ne consiste en rien d'autre que dans l'examen rationnel des étants [...] en tant qu'ils sont des artefacts [de l'Artisan divin]. » (Le Livre du discours décisif, Paris, GF-Flammarion, 1996)

Citation 6 : « [...] il est évident qu'aucun contraire ne se mue en son contraire : ce n'est pas le non-être en soi qui devient de l'être, de même que ce n'est pas la chaleur en soi qui devient du froid, mais quelque chose de chaud qui devient froid, ou de froid qui devient chaud. » (L'Incohérence de l'incohérence, in L'Islam et la raison, Paris, GF-Flammarion, 2000)

Citation 7 : « Si la forme du monde a effectivement été créée, en revanche, l'être même du monde ainsi que le temps sont sans fin. » (Le Livre du discours décisif, Paris, GF-Flammarion, 1996)

Explication a : la démonstration est le moyen le plus sûr d'atteindre la vérité.

Explication b : l'examen démonstratif peut conduire à des contradictions avec le texte révélé ; dans ce cas, il s'agit d'interpréter le Coran.

Explication c : il n'y a pas de contradiction entre la raison démonstrative et le Coran.

Explication d : la connaissance n'est pas individuelle, elle est le produit de la jonction des intellects agent et matériel à l'intellect individuel.

Explication e : la vérité est une et non contradictoire.

Explication f : Dieu crée la forme du monde, mais Dieu et le monde sont éternels.

Explication g : il existe trois catégories d'hommes : ceux qui recourent à la rhétorique, ceux qui usent de la dialectique et ceux qui produisent des raisonnements démonstratifs.

Explication h : le mouvement est nécessairement engendré par un moteur extérieur et éternel : cela prouve l'existence de Dieu.

Explication i : la philosophie est la science rationnelle qui cherche à établir une connaissance de Dieu à partir de la connaissance de ce qui existe (des étants).

Explication j : le monde ne peut procéder de rien, il est nécessairement éternel.

Rendez-vous sur lepetitphilosophe.fr et découvrez :

Plus de 1200 analyses
Claires et synthétiques
Téléchargeables en 30 secondes
À imprimer chez soi

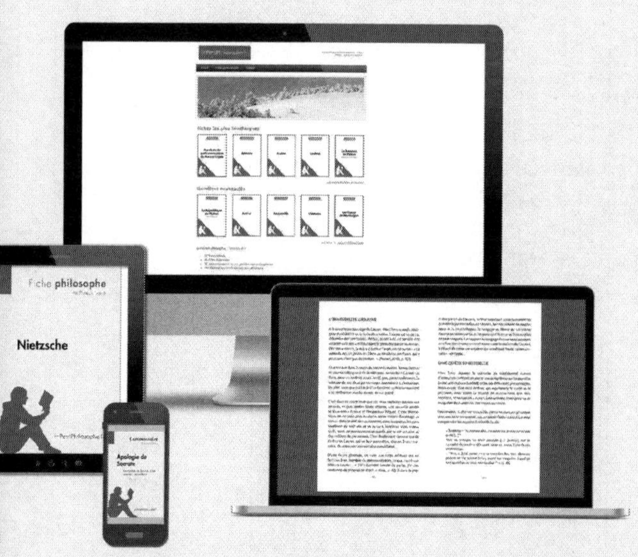

L'éditeur veille à la fiabilité des informations publiées, lesquelles ne pourraient toutefois engager sa responsabilité.

www.lepetitphilosophe.fr

ISBN version numérique : 978-2-8062-4926-5
ISBN version papier : 978-2-8080-0120-5
Dépôt légal : D/2017/12603/504

Conception numérique : Primento,
le partenaire numérique des éditeurs.

Made in the USA
Monee, IL
07 July 2026